Comment Beau le Chat a appris le russe

Как кот Бо выучил русский язык

Un livre bilingue de **Lily Summer**

Copyright © 2019 by Lily Summer

ISBN 13: 978-1-58790-468-4
ISBN 10: 1-58790-468-3
All rights reserved.

Manufactured in the U.S.A.
REGENT PRESS
Berkeley, California
www.regentpress.net

La Signature de Beau

Подпись кота Бо

Mes remerciements à :

Mark Weiman, mon éditeur, pour son implication à la création de ce livre et son grand savoir professionnel.
Gayle Young, la "Maman" de Beau, qui a généreusement partagé son chat adoré avec moi.
Amélie Hassan, pour son sens artistique et ses précieuses capacités en design.
Anna Arbit et ses fils, Andrei and Kiril, pour la traduction en russe, leurs remarques judicieuses et leurs conseils.

Я хотела бы высказать благодарность:

Марку Вайману, моему редактору, за его поддержку, и обширный опыт и знания. Без него эта книга никогда бы не состоялась.
Гэйл Янг, маме Бо, за разрешение сделать своего кота главным героем моих книг.
Амели Хассан, за её художественный вкус и помощь в дизайне книги.
Анне Арбит и её сыновьям, Андрею и Кириллу, за русский перевод, комментарии и советы.

Beau veut aller à Moscou.

Бо хочет поехать в Москву.

Beau est gourmand. Il adore manger. Alors Beau réfléchit: "À Moscou on parle russe".

Бо настоящий гурман. Он любит хорошо поесть. Бо подумал: "В Москве все говорят по русски".

S'il veut bien manger à Moscou, il doit savoir dire "poulet", "saumon", "thon","fromage","souris","crevette", "Boeuf Stroganoff" et "pierogis".

Если он хочет в Москве хорошо поесть, то ему надо знать как сказать по русски "курица", "лосось", "тунец", "сыр", "мышь", "креветки", "бефстроганов", и "вареники".

Une seule solution: Lisa. Tous les jours Beau a remarqué que des étudiants avec un cahier et un stylo arrivent chez elle pour apprendre le russe. Lisa est professeur de langues. Alors Beau, l'air de rien, écoute, espionne et apprend.

Есть только одно решение - Лиза. Изо дня в день, Бо наблюдает как ученики, с тетрадкой и ручкой в руке, приходят к Лизе домой чтобы выучить русский язык. Лиза - учительница иностранных языков. Никем незамеченный, Бо всё слушает, видит, и запоминает.

Dans la vasque pour oiseaux, il a appris à compter de un à dix: un, deux, trois, quatre, cinq, six, sept, huit, neuf, dix.

Лежа в садовой птичьей ванне он научился считать от одного до десяти: один, два, три, четыре, пять, шесть, семь, восемь, девять, десять.

Près du chapeau, il a appris le mot "poulet rôti".

Расположившись возле шляпы, он выучил фразу "запечённая курица".

Sur le fauteuil de jardin, il a appris à demander: "Je voudrais un bol d'eau s'il vous plaît."

На кресле в саду, он выучил как спросить "Дайте, пожалуйста, миску воды."

Sur le canapé, il fait semblant de dormir et il a appris le mot "saumon fumé". Mais Beau n'aime que le saumon frais.

Притворившись спящим на диване, он выучил фразу "Копчёный лосось". Но Бо нравится только свежий лосось.

Sous le lit, il a appris le mot "souris". "Souris" est un mot féminin. Un chat comme lui est un mot masculin. Le mot "soleil" est du genre neutre. En russe, il y a trois genres: masculin, féminin et neutre.

Под кроватью он выучил слово "мышка". "Мышка" - слово женского рода. Слово "кот", как Бо, мужского рода. "Солнце" - слово средний рода. В русском языке существует три рода имен существительных: мужской, женский и средний.

Dans la voiture il a appris à prononcer les sons russes comme "sh" et "shh". Il répète le mot "щенок" qui est difficile pour lui parce que cela veut dire chiot. Puis il a appris le mot "мышь" très utile pour lui parce que cela veut dire souris. Ce mot, il le répète sans arrêt!

В машине, он научился произносить русские звуки "ш" и "щ". Он нехотя повторил несколько раз слово "щенок". Потом он научился произносить очень полезное для себя слово "мышь". Это слово он повторял без остановки!

Lisa a beaucoup de patience. Elle prononce les mots clairement et plusieurs fois. Ainsi Beau apprend vite et bien. Dans le placard, Beau révise tout le vocabulaire et s'assure que Lisa n'oublie rien, surtout pas ses chaussures d'été.

Лиза очень терпеливая. Она чётко произносит все слова и повторяет их несколько раз. Таким способом, Бо учится быстро и хорошо. В шкафу, Бо повторяет все слова и смотрит чтобы Лиза ничего не забыла, особенно свои летние туфли.

Après quelques mois le voilà prêt et il se glisse dans la valise de Lisa. Lisa va partir à Moscou demain. Beau est très content, il a hâte de voir le théâtre Bolchoï et la cathédrale Saint-Basile.

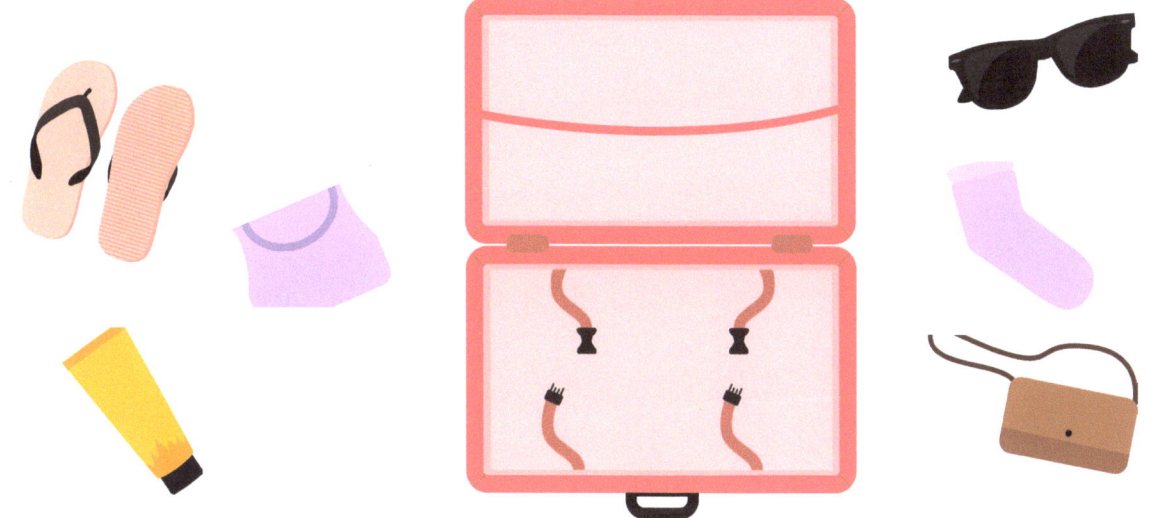

Спустя несколько месяцев, он почувствовал себя готовым к путешествию и залез к Лизе в чемодан. Завтра Лиза уезжает в Москву. Бо очень рад. Он очень хочет увидеть Красную площадь, Большой театр, Храм Василия Блаженного.

Andrei et Kiril, les élèves de Lisa ont dessiné des portraits de Beau.

Андрей и Кирил, ученики Лизы, нарисовали портрет Бо.

Dessine Beau:

Нарисуйте Бо:

www.ingramcontent.com/pod-product-compliance
Lightning Source LLC
Chambersburg PA
CBHW041530070526
44586CB00002B/33